12.80

SINNVOLLE
FREIZEIT

Gerti Lang

Vorlagenbuch zur Bauernmalerei

Anregungen – Entwürfe – Motive

Mit 37 Farbfotos

Franckh'sche Verlagshandlung
Stuttgart

Mit 37 Farbfotos von Siegfried Lehmann, 29 zum Teil farbige Zeichnungen der Autorin, 1 Schwarzweißfoto und 2 Schrifttafeln.
Alle abgebildeten, bemalten Gegenstände sind Arbeiten aus der Werkstatt von Gerti Lang.

Umschlag von Edgar Dambacher unter Verwendung eines Dias von Siegfried Lehmann

CIP-Kurztitelaufnahme der Deutschen Bibliothek
Lang, Gerti:
Vorlagenbuch zur Bauernmalerei: Anregungen – Entwürfe – Motive / Gerti Lang. (Mit 37 Farbfotos von Siegfried Lehmann). – Stuttgart: Franckh, 1981.
(Sinnvolle Freizeit)
ISBN 3-440-04997-3

Franckh'sche Verlagshandlung, W. Keller & Co., Stuttgart / 1981

Printed in Italy / Imprimé en Italie / L 9eg H bs / ISBN 3-440-04997-3
Satz: Bauer & Bökeler Filmsatz GmbH, Denkendorf
Herstellung: Editoria S.N.C. di G.A. Benvenuto & Co., Trento (Italien)

Vorlagenbuch zur Bauernmalerei

Abb. 1. Kaffeemühle ▷

Einführung

Die Bauernmalerei erlebte in den letzten Jahren einen großen Aufschwung. Alle Bevölkerungsschichten und Altersklassen haben sich von dieser volkstümlichen Malerei begeistern lassen. Mit viel Fleiß und Ausdauer haben sie sich die entsprechende Technik erarbeitet und es darin häufig zu meisterlichem Können gebracht.
In der Regel ist es sicher kein ganz einfaches Unterfangen, einen Gegenstand mit einem selbstentworfenen Motiv zu gestalten. Die Aufteilung der Flächen, die farbliche Gestaltung, auch die Harmonie der Farbgebung werfen eine Reihe von Problemen auf, die mit Hilfe dieses Büchleins gemeistert, zumindest aber verdeutlicht werden können.
In diesem Buch finden Sie Farbfotos von bemalten Gegenständen aus meiner Werkstatt, von der Spandose bis zum Bauernschrank mit den dazugehörigen Motiventwürfen und Skizzen.
Es soll zunächst als Hilfestellung zu betrachten sein, vor allem aber als Anregung, Ihr bisher erworbenes technisches Können mit der künstlerischen Gestaltung zu vereinen, um Gegenstände letztlich individuell nach eigenen Motiven zu gestalten.
Sollten Sie aber erst durch dieses Buch interessiert und angeregt worden sein, diese Art der Malerei als Hobby zu wählen, müssen einige Voraussetzungen erfüllt werden, um den erwarteten Erfolg zu haben.
Dazu gehören die Lektüre von Fachbüchern, wie zum Beispiel Gerti Lang – „Bauernmalerei – Alte Kunst – neues Hobby“, vielleicht auch die Teilnahme an einem Kurs für Bauernmalerei, um in Gruppenarbeit die ersten Grundlagen und Erfahrungen zu sammeln. Achten Sie auch immer auf Qualität und Güte bei verwandtem Werkzeug und Material.
Für den Anfang sollten kleine, flache Teile in Angriff genommen werden, zum Beispiel Kleiderbügel, Brettchen, Spandosen oder Teller. Erst nach einiger Übung – und die dauert ihre Zeit – sollten Sie sich an größere, kompliziertere Gegenstände wagen. Es kann eine Milchkanne, ein Servierbrett oder ein altes Kuchenblech sein.
Wenn diese Hürden auch genommen sind, können Sie sich ohne Bedenken an eine Truhe oder gar einen Schrank wagen.
Es übt schon einen besonderen Reiz aus, diese Gegenstände zu bemalen, vor allem, wenn es sich dabei um alte Erbstücke handelt.

Abb. 2. Kaffeemühle, Entwurf; 10 × 9,5 cm

Malwerkzeug

Zur Realisierung Ihrer Pläne für die Bauernmalerei gehört eine Werkzeugausstattung, an der man nicht allzusehr sparen sollte.
Gute Qualität und eine Anzahl unterschiedlicher Pinsel erleichtern Ihnen wesentlich Ihre Arbeit.
Nachstehend finden Sie darum eine Auswahl der unbedingt notwendigen Utensilien:
Verschiedene Vorstreich-Pinsel; zum Streichen größerer Flächen
Verschiedene Marderhaar-Pinsel; zum Malen der Motive
Einen Pantographen oder Storchenschnabel; zur Übertragung und Vergrößerung von Entwürfen und Vorlagen
Paus- oder Schneiderinnen-Papier; zum Übertragen der Motive auf die zu bemalenden Gegenstände
Feines Schleifpapier
Einen breiten, weichen Staub-Pinsel
Fachliteratur zur Detail-Information

Farben

Für alle bemalten Gegenstände, die in diesem Buch gezeigt werden, wurden Acryl-Mattfarben verwendet. Man sollte grundsätzlich darauf achten, daß alles, was zur Bauernmalerei benötigt wird, vom gleichen Hersteller stammt. Deren in sich abgeschlossenen Programme sind technisch und farblich sehr geschmackvoll aufeinander abgestimmt. Hier wurde eine Herstellerfirma gewählt, die die einzelnen Farbtöne ihrer Produkte mit bestimmten Bezeichnungen versehen hat. So haben Sie die Gewähr, daß Sie immer den gleichen Farbton erhalten, wenn Sie einmal eine Farbe nachkaufen müssen.
Patina wird immer als Set angeboten und zwar Patina-Flüssigkeit und Ölfarbe in Umbra bräunlich oder Umbra grünlich. Zur Erstgrundierung bei größeren Teilen verwendet man Grundierungen, die auf Nitro-Basis hergestellt werden.
Seidenmattlack für den letzten Anstrich schützt die Bemalung vor äußeren Einflüssen.

Abb. 3. Farben und Pinsel für die Bauernmalerei

Übertragung eines Motiventwurfes

Die Übertragung eines Motives auf ein Werkstück kann auf verschiedene Art und Weise ausgeführt werden.
Soll der Motiv-Entwurf in gleicher Größe, also im Maßstab 1:1 auf das Werkstück übertragen werden, kann dies auf einfache Art geschehen. Sie legen die beschichtete Seite eines Schneiderpapiers auf das Werkstück. Darauf kommt die Motiv-Vorlage. Sie sollten darauf achten, daß sich die Vorlage nicht verschiebt und sie deshalb mit Stecknadeln oder Klebestreifen befestigen. Die Konturen des Motiv-Entwurfes fahren Sie mit einem mittelharten, spitzen Bleistift nach und haben in Weiß oder Gelb den Motiv-Entwurf auf dem Werkstück.
Eine andere Möglichkeit der Übertragung ohne Pauspapier ist, die Rückseite des Mo-

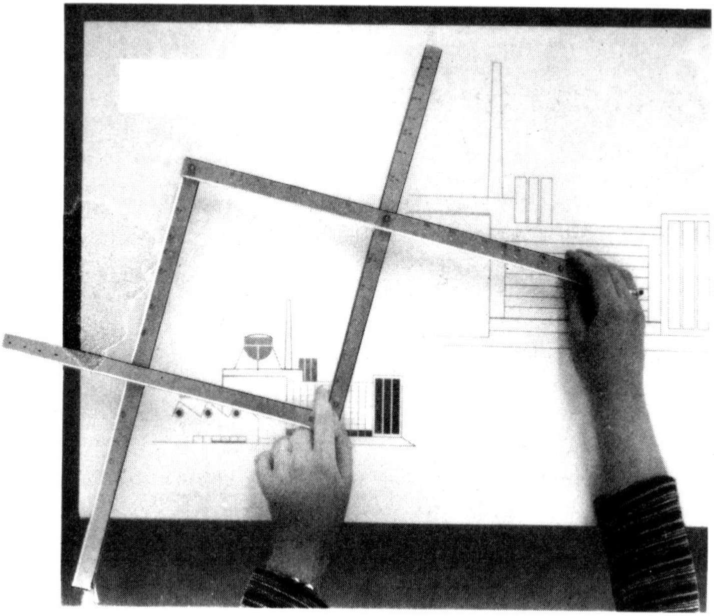

Abb. 4 zeigt die Bedienung eines Pantographen

tiv-Entwurfes mit weichem Bleistift zu schraffieren oder mit Graphitpuder einzustreichen. Zur gleichen Verwendungsart eignet sich auch Schulkreide in verschiedenen Farben, je nach Untergrund, sehr gut. – Sie sollten allerdings in keinem Fall Kohlepapier oder Blaupapier zum Durchpausen benützen!

Die Motiv-Entwürfe in diesem Buch sind fast alle in verkleinerter Form abgebildet. Man kann sich zur Übertragung sowohl bei einer Verkleinerung als auch bei einer Vergrößerung eines Pantographen oder Storchenschnabels bedienen. Dadurch ist sichergestellt, daß die Größenverhältnisse des zu übertragenden Motiv-Entwurfes absolut dem Original entsprechen und eine mühsame und vor allem zeitraubende Übertragung über Rasterlinien bzw. Rasterfelder entfällt. Man kann sich darauf verlassen, daß in wenigen Minuten eine korrekte Übertragung stattfindet, wenn man sich an die Gebrauchsanleitung hält. Die Handhabung des Pantographen ist im Prinzip verhältnismäßig einfach und erlaubt exakte Übertragungen in das Zwei- bis Zehnfache. (Siehe Abb. 4.)

Es ist empfehlenswert, das zu übertragende Motiv, bzw. den Entwurf zuerst auf einfaches, weißes oder Transparentpapier zu übertragen. Nach der Korrektur können Sie das Ganze in der oben beschriebenen Art und Weise auf den zu bemalenden Gegenstand übertragen.

Grundbegriffe der Bauernmalerei

Wenn Sie sich zum erstenmal mit der Bauernmalerei beschäftigen, sollten Sie möglichst vorher auch das Buch „Bauernmalerei" von Gerti Lang gelesen haben. Damit Sie aber auch wenigstens mit den wichtigsten Fachausdrücken vertraut werden, stelle ich Ihnen hier noch einmal in geraffter Form den Ablauf aller Arbeiten, die bei der Bemalung großer und kleiner, hölzerner Gegenstände anfallen, dar.
Bearbeiten Sie neues Holz wie z. B. eine Spanschachtel oder einen Teller, so beginnen Sie mit einem zweimaligen Vorstrich mit einem 2–4 cm breiten, feinen, dichten Flachpinsel und den Acryl-Mattfarben, die Sie später auch für die Dekormalerei benutzen werden. Tragen Sie die Farbe jedoch möglichst dick und quer zur Faserrichtung des Holzes auf. Anschließend muß die Farbe jedoch möglichst schnell und in Richtung der Maserung mit dem Pinsel vertrieben werden. Wenn der erste Vorstrich bzw. die erste Grundierung getrocknet ist, muß das Werkstück mit Schleifpapier abgeschliffen und der Schleifstaub anschließend mit einem weichen Staubpinsel entfernt werden.
Wollen Sie jedoch z. B. ein altes Möbelstück verschönern, das aber bereits mit einer oder sogar mit mehreren Farbschichten bedeckt ist, so beginnt Ihre Arbeit mit dem Abbeizen, d. h. mit dem Entfernen aller alten Farbspuren am Möbelstück. Für diese zweifellos mühsame und unsaubere Arbeit (Gummihandschuhe mit hohen Stulpen anziehen!) gibt es im Fachhandel heute glücklicherweise Fertigpräparate, so daß Sie sich Ihr Abbeizmittel nicht selbst herzustellen brauchen. Besorgen Sie sich also bei Ihrem Händler eine Abbeizpaste und lesen Sie aufmerksam die Gebrauchsanweisung dazu. Eine Drahtbürste und ein Metallspachtel können Ihnen bei der Entfernung der Farbreste sehr nützlich sein. Achten Sie aber darauf, daß Sie mit diesen scharfen Werkzeugen das Holz nicht beschädigen! Anschließend wird das Werkstück mit viel klarem Wasser und einem Schwamm gründlich gesäubert. Danach lassen Sie es bei Zimmertemperatur drei bis vier Tage lang restlos abtrocknen. Bevor Sie abgebeizte Möbelstükke mit einer Nitro-Schnellschleif-Grundierung einlassen können, müssen die Flächen auch wieder gut, am besten mit Hilfe von Schleifpapier unter Verwendung eines Schleifkorkens, abgeschliffen werden.
Eine dritte Möglichkeit des Grundierens ist das Lasieren. Es gibt immer wieder hölzerne Gebrauchs- und Ziergegenstände, deren natürliche Maserung so schön ist, daß es ein Jammer wäre, sie völlig mit Farbe zuzudecken. Verdünnen Sie Ihre Acryl-Mattfarben für den Vorstrich soweit, daß die aufgetragene Farbe noch durchsichtig ist. Prüfen Sie aber unbedingt erst an einem Probestück, ob die Lasur im richtigen Verhältnis von Farbe zu Wasser gemischt worden ist! In letzter Zeit wird in Hobby-Geschäften schon fertige Beiz-Lasur in vielen Farben angeboten.

Jetzt ist es soweit, daß Sie Ihren Entwurf für die Dekoration auf das Werkstück übertragen können. Dazu verwenden Sie am besten einen dünnen Bleistift und gelbes oder weißes Pauspapier (Schneiderpapier), das Sie ruhig mit Klebefilm oder Reißstiften vorsichtig am Holz befestigen können, damit das Papier nicht verrutscht. Eigene Entwürfe lassen sich dagegen auch recht gut mit Kreidestiften auf das Holz zeichnen.
Für die ersten Blüten und Ranken benutzen Sie unverdünnte Acryl-Mattfarben, die Sie mit einem Marderhaarpinsel auftragen. Später können Sie aber auch einmal probieren die Farbe dicker wie eine Paste aufzubringen. Sie erzielen damit eine erhabene, reliefartige Wirkung.
Der gleiche Effekt ist übrigens beim Spachteln beabsichtigt. Dazu verwendet man eine besondere, weiße Spachtelfarbe, die auf größere Zierflächen wie z. B. Schrankfüllungen dick aufgetragen wird. Anschließend läßt sich die Farbe mit einem borstigen Pinsel oder auch mit einem alten Kamm gleichmäßig strukturieren, so daß man z. B. wellenartige Rillen erhält. Bevor man auf diesen weißen Untergrund weitere Ornamente malt, sollte man ihn mindestens einen Tag lang trocknen lassen.
Und nun müssen Sie zum Schluß Ihre großen Gummihandschuhe anziehen, um Ihrem Werkstück den letzten, möglichst originalgetreuen „Schliff" durch das Patinieren zu geben. Meistens erhalten Sie im Fachhandel ein Set, das gleich Patina-Öl und eine Ölfarbe (Umbra/bräunlich oder Umbra/grünlich) enthält. Rühren Sie beide Substanzen zu einem Gemisch an, das Sie mit Hilfe eines fusselfreien Lappens in Faserrichtung auftragen. Die Flüssigkeit braucht nur wenige Minuten einzuziehen. Dann kann die überschüssige Patina mit einem weichen Lappen abgewischt werden.
Da ein Ornament fast immer in der Mitte einer Fläche aufgetragen wird, hellt man dort am meisten wieder auf, während die Ränder dunkler bleiben. Achten Sie aber darauf, daß die Übergänge fließend werden und das Werkstück nicht fleckig wirkt. Bei Gegenständen, die später auch einmal abgewaschen werden müssen, schützen Sie das Holz zwei bis drei Wochen nach der Patinierung noch mit einem Seidenglanz-Lack.

Wichtiger Hinweis

Bitte lassen Sie niemals einen mit Patina-Öl getränkten Lappen herumliegen, weil dieser sich selbst entzünden kann. Stecken Sie ihn gleich in ein mit Wasser gefülltes Schraubglas, oder vernichten Sie ihn in einer mit Wasser gefüllten Plastiktüte.

Abb. 5 zeigt die beliebtesten Blumenmotive der Bauernmalerei ▷

Blumen der Bauernmalerei

In der Bauernmalerei und damit auch auf den nachfolgenden Entwürfen werden Ihnen u. a. folgende symbolische Grundformen (siehe auch „Bauernmalerei“ von Gerti Lang) immer wieder begegnen: Rose, Tulpe, Nelke, Korbblütler wie z. B. die Margerite, Blattwerk und Randverzierungen. Darum soll auch hier vorab die Entstehung dieser Grundformen durch schematische Darstellungen noch einmal verdeutlicht werden. Für alle Blüten wählen wir den Kreis als geometrische Ausgangsfigur.

Rose

Figur 1: Zeichnen Sie einen Stern mit acht Strahlen und gleichen Winkelabständen zwischen den Strahlen. Schlagen Sie vom Mittelpunkt aus einen Kreisbogen und zeichnen Sie dann noch zwei exzentrische Kreise in den ersten Kreis hinein. Alle drei Kreise berühren sich nur in einem Punkt ihrer Begrenzungslinien. Dieser Punkt liegt in der Mitte oben Ihrer Zeichnung. Alle 3 Mittelpunkte liegen also auf der senkrechten, oberen Mittelachse. – Nun lassen sich zwischen dem ersten und zweiten Kreis in der unteren Hälfte der Zeichnung vier Kelchblätter einfügen. Die geraden Striche ermöglichen, daß die Blätter gleich groß und genau symmetrisch angeordnet werden.
Figur 2: Deutlich hervor treten drei Kreise und vier Kelchblätter. – Der obere Kreis wird völlig mit brauner oder schwarzer Farbe ausgemalt.
Figur 3: Die Hilfslinien werden beim Patinieren gelöscht. – Mit demselben Pinsel, mit dem Sie schon die dunkle Farbe aufgetragen haben, tauchen Sie jetzt in rote Farbe und umranden möglichst zügig mit zwei Pinselstrichen den kleinen Kreis. Anschließend malen Sie die Blüte und die Kelchblätter weiter mit roter Farbe aus. Führen Sie dabei den Pinsel von rechts bzw. links zur Mitte hin.
Figur 4: Waschen Sie jetzt Ihren Pinsel aus, trocknen ihn ab und setzen mit weißer Farbe Lichter auf den dunklen Punkt und die Blüte. Alle Farben sollen noch naß sein, um eine effektvolle Wirkung zu erzielen.

Tulpe

Figur 1: Zeichnen Sie diagonal auf die Zeichenebene ein Kreuz und durch dessen Mittelpunkt eine senkrechte Achse. Schlagen Sie um den Mittelpunkt dann einen Kreisbogen. Schlagen Sie zwei weitere Kreisbogen von den Punkten aus, die links und rechts auf der Kreislinie von einer waagerechten Achse geschnitten würden. Der Radius ist

gleich der Strecke zwischen dem Schnittpunkt von Kreis und waagerechter Achse und dem Schnittpunkt von Kreis und senkrechter Achse. So erhalten Sie eine mandelförmige, symmetrische Figur, das vordere Blütenblatt. – Die beiden äußeren Blütenblätter erhalten Sie, wenn Sie aus freier Hand im oberen Drittel die Umrißform etwas über den Kreis hinausgehen und in einer Spitze enden lassen. Die diagonalen Strahlen bilden nach oben die Begrenzungslinien für die Blätter.
Figur 2: Nehmen Sie Ocker auf den Pinsel und füllen das mittlere Blütenblatt damit aus. Die Pinselstriche müssen dabei auch wieder leicht geschwungen, aber im ganzen länger von oben nach unten geführt werden.
Figur 3: Malen Sie anschließend die seitlichen Blütenblätter auch mit Ocker aus. Setzen Sie bei den einzelnen Pinselstrichen nicht mittendrin an.
Figur 4: Bei der ockerfarbenen Tulpe gehen Sie mit dem Pinsel, ohne ihn diesmal vorher auszuspülen, gleich in weiße Farbe und setzen den drei Blütenblättern weiße Lichter auf. Beginnen Sie beim mittleren Blatt oben und schattieren dann nach unten zu etwas ab.

Nelke

Figur 1: Zeichnen Sie ein Kreuz und schlagen um dessen Mittelpunkt einen Kreisbogen. Unterteilen Sie nach Augenmaß die beiden oberen Kreisviertel noch jeweils in drei gleich große Teile. Zeichnen Sie ebenfalls nach Augenmaß in die untere Hälfte des Kreises einen Halbkreis. Als drei Anhaltspunkte dienen der Mittelpunkt des großen Kreises und rechts und links je ein Punkt auf der unteren Kreislinie, der jeweils gleich weit von den Schnittpunkten des Kreises mit den Achsen entfernt ist. – Zum Schluß zeichnen Sie um die untere, mittlere Achse eine Mandelform ein.
Figur 2: Beginnen Sie beim Bemalen der drei Blütenblätter, die jeweils vierfach gerippt sind, von links und arbeiten Sie über die Mitte nach rechts hin. Holen Sie bei jedem zweiten Pinselstrich neue Farbe und führen ihn strahlenförmig von außen nach innen.
Figur 3: Nehmen Sie nun gleich weiße Farbe auf, ohne den Pinsel vorher auszuwaschen. Die Lichter sollen auf die noch nasse, rote Farbe gesetzt werden.
Figur 4: Anschließend waschen Sie Ihren Pinsel aus, trocknen ihn ab, formen ihn spitz zu und nehmen zuerst grüne Farbe und darauf noch etwas schwarze auf und malen den Blütenkelch aus. Versuchen Sie, längliche „Kommata“ zu setzen.

Korbblütler

Figur 1: Zeichnen Sie wie bei der Rose einen Stern mit acht Strahlen und schlagen durch dessen Mittelpunkt einen Kreisbogen. Zeichnen Sie dann aus freier Hand zuerst

einen ganz kleinen Kreis innen um den Mittelpunkt und anschließend acht mandelförmige Blütenblättchen um die Strahlen. Die Blättchen werden in der Länge von den beiden Kreislinien begrenzt.
Figur 2: Tauchen Sie nur die Pinselspitze in weiße Farbe ein und malen die Blütenblättchen mit langgezogenen Schwüngen aus. Für den Punkt in der Mitte holen Sie mit den vordersten Pinselhaaren etwas Ocker und Braun und setzen ein „Komma". –
Figur 3: Diese Abbildung zeigt zwar auch ein Gänseblümchen bzw. eine Margerite, aber nicht als Draufsicht zweidimensional, sondern perspektivisch verändert, so daß die Blüte dreidimensional erscheint. – Geometrische Ausgangsform ist diesmal die Ellipse, in die in der oberen Hälfte noch eine Ellipse gezeichnet wird, die symmetrisch zur senkrechten Mittelachse liegt. Malen Sie nun zwischen die Ellipsen aus der Hand kleine Blütenblättchen, die vorne in der Mitte am längsten, zur Seite hin kürzer und hinten am kürzesten sind.
Figur 4: Das Bemalen mit weißer bzw. Ockerfarbe geschieht entsprechend der Beschreibung für Figur 2.

Blattwerk

Figur 1: (von oben nach unten gesehen): Zeichnen Sie zuerst die Umrißlinien für ein stilisiertes Rosenblatt, malen es dann mit grüner Farbe aus und gehen dann mit dem Pinsel noch in Ockerfarbe. Setzen Sie oben an der Blattspitze kräftig zwei „Kommata" und schattieren nach unten hin ab.
Figur 2: (von oben nach unten gesehen): Für das verbindende, aber niemals dominierende Blattwerk in der Bauernmalerei sind mehr oder weniger alle passenden Fantasieformen erlaubt. Zeichnen Sie aber immer erst einen Entwurf auf, bevor Sie ihn mit Farbe ausmalen. Sie können dies auch mit zwei Farben z. B. Grün und Ocker gleichzeitig machen.

Randverzierungen

Zum Schluß noch vier Grundsätze zur Gestaltung von Rändern:
1. Kein Bild ohne Rahmen
2. Ruhiger, schlichter Rahmen für ein vielfarbiges Hauptmotiv
3. Richtiges Größenverhältnis von Hauptmotiv und Rahmen
4. Harmonisch abgestimmte Farben für Dekor und Randverzierung

Abb. 6 zeigt einige Entwürfe als Anregung.

Abb. 6. Keine Blüte ohne Blätter ▷

Fleischbrettchen

Das Fleischbrettchen in der Größe 33 × 16,5 cm wird mit Acryl-Mattfarbe in Grün (G) zweimal gestrichen.

Für die Blüten wurde verwendet:

Rose:	Braun (E), Rot (H), Weiß (A)
Tulpe:	Ocker (C), Braun (E), Weiß (A)
Margerite:	Weiß (A), Ocker (C), Braun (E)
Streublumen:	Weiß (A), Rot (H)
Schnörkel:	Ocker (C), Weiß (A)
Blätter:	Grün (D) mit Ocker (C) schattiert

Patiniert wurde das Brettchen mit Umbra grünlich.

Abb. 7. Fleischbrettchen; 33 × 16,5 cm

Abb. 8. Fleischbrettchen ▷

Kleiderbügel

Hier handelt es sich um vier Ausführungen mit acht verschiedenen Motiven, A1 bis A4 und B1 bis B4, auf handelsüblichen Rohholzbügeln von 42,5 cm Länge.
Dafür wurden Acryl-Mattfarben verwendet, nämlich Blau (AT), Moosgrün (V), Rot (gemischt) und Ocker (C). Zur Verfeinerung kann die umlaufende Kante z. B. mit Rot (H) abgesetzt werden.
Für die Blüten werden folgende Farben benötigt:

Rose:	Braun (E), Rot (H), Weiß (A)
Tulpe:	Ocker (C), Rot (H), Weiß (A)
Margerite:	Weiß (A), für Staubgefäße Rot (H) oder Ocker (C) und Braun (E)
Rosette:	Blau (AT), Weiß (A), Ocker (C)
Schnörkel:	Ocker (C), Braun (E), Weiß (A)
Blätter:	Moosgrün (V) mit Schwarz (B) abschattiert

Die Kleiderbügel wurden mit Umbra bräunlich patiniert und können nach 14 Tagen mit Seidenmatt-Lack als zusätzlichen Schutz besprüht werden.

Abb. 9. Kleiderbügel; Motive A 1 bis A 4 (rechts)
Abb. 10. Kleiderbügel; Motive B 1 bis B 4 (links)

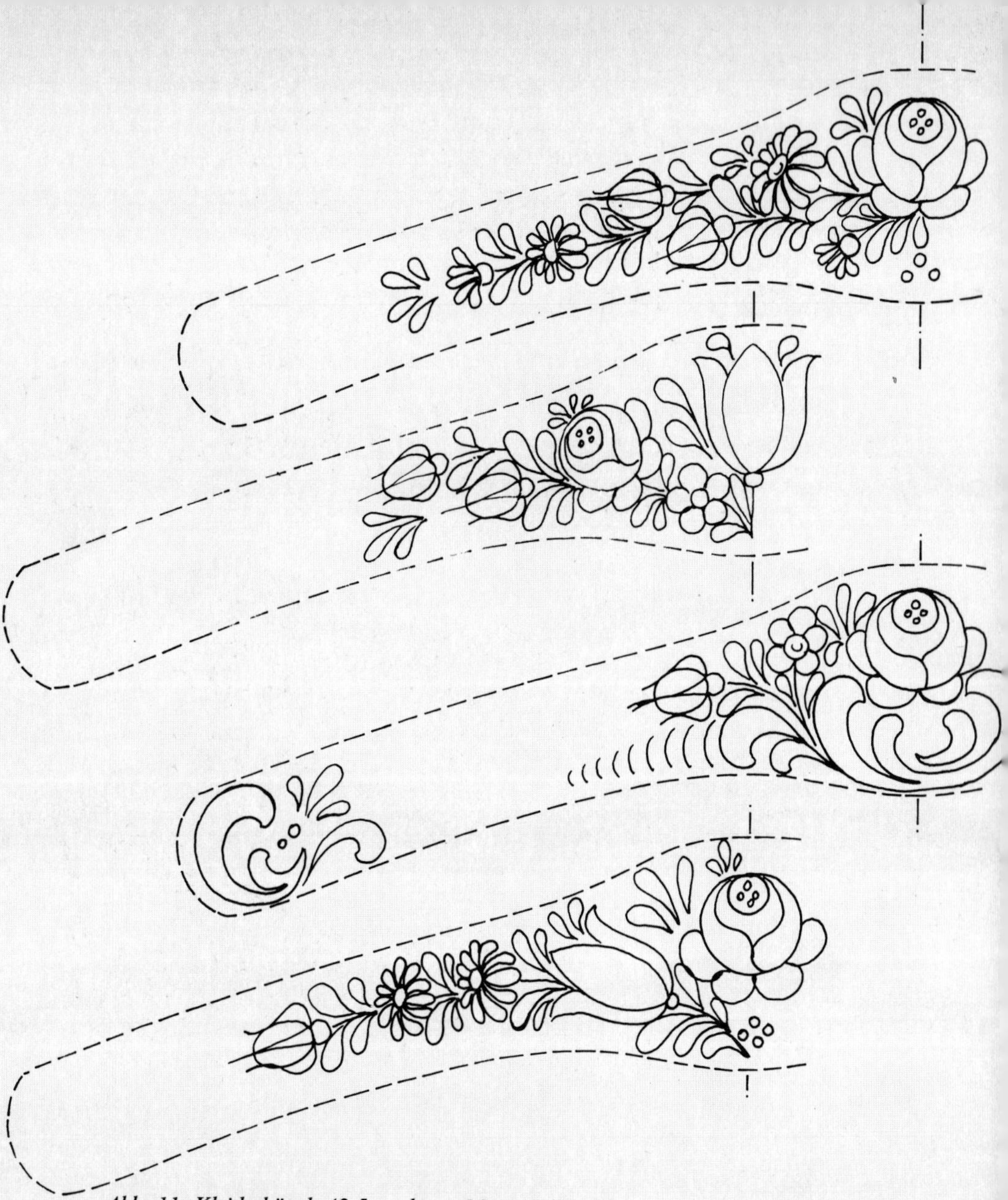

Abb. 11. Kleiderbügel; 42,5 cm lang; Motiv A 1 in Blau – Motiv A 2 in Grün – Motiv A 3 in Rot – Motiv A 4 in Ocker

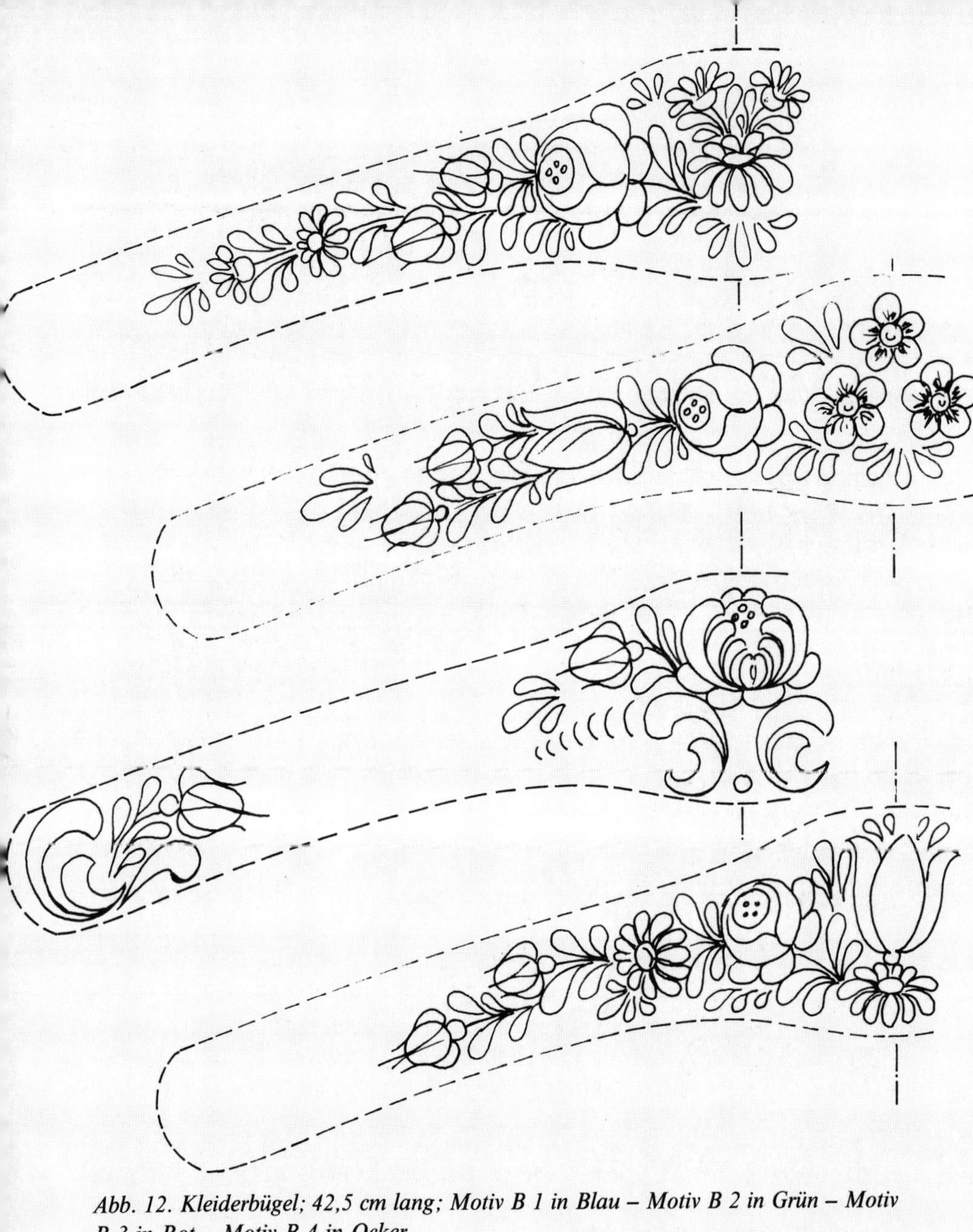

Abb. 12. Kleiderbügel; 42,5 cm lang; Motiv B 1 in Blau – Motiv B 2 in Grün – Motiv B 3 in Rot – Motiv B 4 in Ocker

Abb. 13. Gebäckdose

Gebäckdose

Es muß nicht immer Holz sein, das im Stil der Bauernmalerei bemalt wird. Man kann damit auch ebenso gut eine hübsch geformte Blechdose verzieren. Diese Dose, 22 × 12 cm, wurde erst gesäubert und entfettet und dann zweimal mit Acryl-Mattfarbe Braun (E) gestrichen.

Die Schnörkel wurden schwungvoll in Ocker (C) mit weißen Lichtern gemalt, die Rosen in Braun (E), Rot (H), Weiß (A) und die Knospen in Rot (H) und Weiß (A). Für die Blätter wurde Grün (D) mit Ocker abgesetzt. Zum Schluß wurde die Dose ganz mit Umbra bräunlich dezent patiniert.

Abb. 14. Gebäckdose; 22 × 12 cm

Wandbrett

Das Wandbrett, 27 × 18 cm, kann recht einfach selbst hergestellt oder im Handel in verschiedenen Größen erworben werden.
Es wurde mit Moosgrün (V) zweimal gestrichen, die Seitenkanten und Hohlkehlen in Rotbraun (H + E) abgesetzt.
Die Blüten wurden wie folgt gemalt:

Nelke:	Rot (H) mit weißen Lichtern (A)
Tulpe:	Ocker (C), Weiß (A)
Rose und Knospe:	Braun (E), Rot (H), Weiß (A)
Rosette:	Blau (AT), mit Weiß (A) und Ocker (C)
Margerite:	Weiß (A), Rot (H)
Blätter:	Moosgrün (V) mit Schwarz (B) gemischt, mit Ocker (C) abschattiert

Die Patinierung wurde mit Umbra bräunlich ausgeführt.

Abb. 15. Wandbrett; 27 × 18 cm

Abb. 16. Wandbrett ▷

Abb. 17. Fußschemel

Fußschemel

Ein Fußschemel muß nicht immer ein nüchternes Nutzobjekt sein, sondern kann genauso gut, wenn er hübsch bemalt wird, zu einem originellen Ziergegenstand werden. Dieser hier wurde mit Bayrisch-Blau (AT) zweimal gestrichen und die äußeren Kanten mit Rot/Braun (H + E gemischt) abgesetzt. Bei der Dekorbemalung wurden für die Schnörkel Ocker (C) mit weißen Lichtern (A) verwendet, für die Rosen Braun (E), Rot (H), Weiß (A) mit ocker/braunen (C + E) Staubgefäßen. Die Blätter wurden in Grün (D) mit schwarzer (B) Schattierung gemalt. Danach wurde der Schemel mit Umbra grünlich patiniert.

Abb. 18. Fußschemel; 40 × 20 cm

Abb. 19. Blauer Teller; 26 cm ∅

Abb. 20. Blauer Teller

Blauer Teller

Dieser Teller mit Rand wurde in Bayrisch-Blau (AT) grundiert, die Zierleiste zum äußeren Rand mit roten Bögen (H) und weißen (A) Punkten abgesetzt. Die Blüten wurden wie folgt gemalt: die Rose in Braun (E), Rot (H), Weiß (A), die Tulpen in Ocker (C) mit Rot (H) und weißen Lichtern (A) und die Margerite in Weiß (A) mit roten (H) Staubgefäßen.
Für die Farbe der Blätter wurde Blau (AT) mit Schwarz (B) gemischt, so daß die Blätter Ton-in-Ton wirken und mit weißen (A) Lichtern aufgehellt sind. Zum Abschluß wurde in Umbra grünlich patiniert.

Abb. 21. Bauernteller rot/grau; 26 cm Ø

Abb. 22. Bauernteller

Bauernteller

Bei diesem Teller mit Rand wurde die Innenfläche mit heller Farbe, Perlgrau (R), gearbeitet. Die innere Zierkante ist mit kleinen Bögen in Braun (E) verziert, das äußere Tellerband in Rostrot (H + E gemischt) gestrichen und mit umlaufenden Schnörkeln versehen.

Farbausführung:

Rosen:	Braun (E), Rot (H), Weiß (A)
Nelken:	Rot (H), Weiß (A)
Tulpen:	Ocker (C), Rot (H), Weiß (A)
Rosetten:	Blau (AT), Weiß (A) mit Staubgefäßen Rot (H), Ocker (C)
Vergißmeinnicht:	Blau (AT), Weiß (A) mit Staubgefäßen Ocker (C)
Schnörkel:	Ocker (C), Weiß (A)
Blätter:	Moosgrün (V) mit Braun (E)

Die Patinierung wurde in Umbra bräunlich ausgeführt.

Abb. 23. Teller; Kastanie-gebeizt; 26 cm Ø

Abb. 24. Teller; Kastanie-gebeizt

Teller, Kastanie-gebeizt

Häufig erwirbt man einen Holzgegenstand, der in der Maserung so schön ist, daß es zu schade wäre, ihn mit Farbe zu bearbeiten. Bei diesem Teller handelt es sich um einen solchen Gegenstand. Er wurde deshalb mit einer Holzbeiz-Lasur mit der Farbbezeichnung „Kastanie“ behandelt.
Als Motiv wurde ein Blütenkranz gewählt. Dieser bedeckt die Fläche nicht ganz und läßt so die hübsche Maserung des Holzes voll zur Geltung kommen.
Zur Bemalung der Blüten wurden nur wenige Farbtöne verwendet, um eine möglichst ruhige Ausstrahlung zu erreichen. Die Rosen Braun (E), Rot (H), Weiß (A), die Rosetten dazwischen in Weiß (A) mit roten (H) Staubgefäßen, die Blätter in Braun (E). Patiniert wurde mit Umbra bräunlich.

Abb. 25. Teller, gebeizt in Rot; 20 cm ∅

Abb. 26. Teller, gebeizt in Rot

Teller, gebeizt in Rot

Dieser Teller sieht durch seine Ton-in-Ton-Malerei sehr apart aus. Er wurde wieder mit Holzbeiz-Lasur in Bordeaux-Rot ausgeführt. Zur Bemalung der Blüten wurden nur wenige Farbtöne verwendet.

Rose:	Karminrot (Q), Schwarz (B), Weiß (A)
Tulpe:	Karminrot (Q), Schwarz (B), Weiß (A)
Vergißmeinnicht:	Blau (O) mit Weiß (A)
Margerite:	Weiß (A), Karminrot (Q)

Für die Blätter wurde Karminrot (Q) mit Schwarz (B) gemischt und mit weißen (A) Lichtern versehen. Ebenso wurden die Bögen am äußeren Rand ausgeführt. Patiniert wurde mit Umbra grünlich.

Abb. 27. Teller mit Vogel-Motiv; 20 cm ∅

Abb. 28. Teller mit Vogel-Motiv

Teller mit Vogel-Motiv

Auch dieser Teller wurde nicht mit Farbe gestrichen, sondern mit Holzbeiz-Lasur in Dunkelgrün behandelt. Das Vögelchen wurde in Rot (H), Ocker (C), Braun (E) und in Weißtönen gemalt. Die Vergißmeinnicht in Blau (AT) und die Schnörkel Ocker (C) mit weißen (A) Lichtern und brauner (E) Schattierung. Die obere Außenkante wurde mit roten Bögen (H) und dazwischen mit weißen (A) und blauen (O) Punkten verziert. Für die Patinierung wurde Umbra bräunlich verwendet.

Abb. 29. Servierbrett; 40 × 27 cm

Abb. 30. Servierbrett ▷

Servierbrett

Um die Bemalung des Servierbrettes lebendig zu gestalten, wurde ein helles Medaillon gewählt. Zunächst wurde das Oval des Medaillons mit WACOFIN-Spachtelfarbe dick aufgetragen und mit einem Schablonierpinsel flach aufgestippt, so daß eine Struktur entstand. Danach wurde die übrige Servierbrettfläche in abgetöntem Rot (H + E gemischt) gestrichen und alle Außenkanten in Moosgrün (V) ausgeführt. Beim Malen der Früchte, Apfel und Birne, wurde Weiß (A) unterlegt. Die Schnörkel überdecken den Übergang des Medaillons zur übrigen Fläche.

Die Farben der Bemalung:

Schnörkel:	Ocker (C), Weiß (A), Braun (E)
Trauben:	Blau (O), Weiß (A), Schwarz (B)
Apfel:	Gelb (S), Rot (H), Ocker (C), Braun (E)
Birne:	Gelb (S), Rot (H), Moosgrün (V), Braun (E)
Rose und Knospen:	Braun (E), Rot (H), Weiß (A)
Tulpen:	Ocker (C), Rot (H), Weiß (A)
Vergißmeinnicht:	Blau (O) mit Weiß (A)
Blätter:	Moosgrün (V) mit Braun (E)

Die Patinierung wurde in Umbra grünlich ausgeführt.

Abb. 31. Altes Kuchenblech

Altes Kuchenblech

Vielleicht haben Sie Glück und finden auf einem Flohmarkt ein altes Kuchenblech wie dieses. Es wurde zuerst von Schmutz und Rost befreit und anschließend mit Rostschutz behandelt. Die Grundfläche wurde hier in Antik-Grün (AG) mit viel Schwarz (B) gemischt ausgeführt. Für die Gestaltung des Fruchtmotives wurden zuerst Apfel und Birnen in Weiß (A) gemalt und darauf Trauben, Blüten und Vogel gesetzt. Danach wurden Apfel und Birnen auch fertig gearbeitet.

Die Farben für die Motivgestaltung:

Korb:	Ocker (C), Braun (E)
Schnörkel:	Ocker (C), Weiß (A)
Vogel:	Ocker (C), Rot (H), Weiß (A)

Abb. 32. Altes Kuchenblech; 36 cm Ø

Trauben:	Blau (O), Weiß (A), Schwarz (B)
Rosen:	Braun (E), Rot (H), Weiß (A)
Margeriten:	Weiß (A) mit Staubgefäßen in Rot/Braun (H + E)
Apfel:	Gelb (S), Rot (H), Braun (E)
Birnen:	Gelb (S), Ocker (C), Rot (H), Grün (D), Braun (E)
Vergißmeinnicht:	Blau (O) mit Weiß (A)
Blätter:	Grün (D) mit Ocker (C)

Patiniert wurde das Kuchenblech mit Umbra grünlich.

Braune Milchkanne

Diese Aluminium-Milchkanne würde sicherlich in Ihrer Garderobe eine besondere Zierde darstellen. Sie wurde gründlich gereinigt, fettfrei gemacht und dreimal mit brauner (E) Acryl-Mattfarbe grundiert.

Die Farben für die Bemalung:

Schnörkel: Ocker (C), Weiß (A)
Nelken: Rot (H), Weiß (A)
Rosetten: Blau (AT), Weiß (A) mit Ocker/Braun (C + E) für die Staubgefäße
Rosen: Braun (E), Rot (H), Weiß (A)
Margeriten: Weiß (A) mit Ocker/Braun (C + E) für die Staubgefäße
Tulpen: Ocker (C), Rot (H), Weiß (A)
Blätter: Moosgrün (V) mit Braun (E) schattiert

Die Patina wurde in Umbra bräunlich gewählt.

Abb. 33. Braune Milchkanne;
38 cm hoch, 23 cm Ø

Abb. 34 und Abb. 35. Braune Milchkannen

Abb. 36. Milchkanne mit Medaillon

Milchkanne mit Medaillon

Wenn Sie glücklicher Besitzer einer solch alten Milchkanne sind, beginnt die Bearbeitung mit einer gründlichen Reinigung. Es ist ratsam, verzinkte Kannen zuerst mit Rostschutzfarbe zu beschichten.
Bei dieser Kanne wird zuerst das ovale Medaillon mit weißer WACOFIN-Spachtelfarbe dick aufgebracht und eine leichte Struktur gestippt. Die restliche Fläche wird in Rostrot (H + E gemischt) ausgeführt und sollte mindestens zwei- bis dreimal gestrichen werden. Nach dem Aufpausen des Motives werden die Schnörkel gemalt, die den Übergang vom weißen Medaillon zur rostroten Grundfläche der Kanne bilden.

Abb. 37. Milchkanne mit Medaillon; 38 cm hoch, 23 cm Ø

Die Farben für die Bemalung:

Schnörkel:	Ocker (C), Braun (E), Weiß (A)
Nelken:	Rot (H), Weiß (A)
Pfingstrose:	Ocker (C), Rot (H), Weiß (A), Braun (E)
Rosen:	Braun (E), Rot (H), Weiß (A)
Tulpen:	Ocker (C), Rot (H), Weiß (A)
Vergißmeinnicht:	Blau (AT), Weiß (A)
Blätter:	Grün (D) mit Schwarz (B) schattiert

Zum Schluß wurde die fertig bemalte Kanne in Umbra bräunlich patiniert.

Abb. 39. *Große Spandose* ▷

Abb. 38. Große Spandose; 32,5 cm Ø

Große Spandose

Spandosen als Geschenk oder zum eigenen Gebrauch sind immer ein dankbares Objekt für die Bemalung mit verschiedenen, typischen Motiven der Bauernmalerei. Diese Spandose ist mit 32,5 cm Durchmesser relativ groß und wurde in verschiedenen Oberflächentechniken ausgeführt.

Die Oberfläche des Deckels wurde mit WACOFIN-Spachtelfarbe dick beschichtet und darin mit einem flachen Schablonierpinsel eine grobe Struktur aufgestippt. Der Deckelrand wurde in Rot (H) ausgeführt und in die nasse, rote Farbe braune (E) und ockerfarbene (C) Streifen gezogen. Das Unterteil der Dose wurde zweimal in Braun (E) grundiert.

Für die Ausführung des Motives wurden folgende Farben verwendet:

Rosen:	Braun (E), Rot (H), Weiß (A)
Rosenknospen:	Rot (H), Weiß (A)
Blätter:	Braun (E)

Die Spandose wurde mit Umbra bräunlich kräftig patiniert, wobei die Patina in der Mitte der Oberfläche stärker abgerieben wurde.

Koffertruhe

Sollten Sie im Keller oder auf dem Boden unbeachtet noch eine alte Koffertruhe stehen haben, geben diese Bilder vielleicht den Anreiz, diesen Fund zu bemalen, um ihn zu einem Schmuckstück für Ihre Wohnung werden zu lassen.

Die abgebildete Koffertruhe wurde zunächst von der alten Farbe befreit, abgebeizt, abgewaschen und mit feinem Schleifpapier nachgeschliffen. Da die Truhe vom Holzwurm befallen sein könnte, sollte sie mit einem entsprechenden Mittel behandelt werden. Außerdem sollte die Truhe vor dem ersten Farbanstrich mit Nitro-Holzgrund eingelassen werden. Der eigentliche Farbanstrich erfolgte in Moosgrün (V) und in zweifacher Ausführung. Die Außenkanten wurden in Rot (H) abgesetzt. Nachdem die Motive mit Hilfe von Pauspapier übertragen worden waren, wurden folgende Farben dafür verwendet:

Schnörkel:	Ocker (C) mit weißen (A) Lichtern
Rosen:	Braun (E), Rot (H), Weiß (A)
Tulpen:	Ocker (C), Rot (H), Weiß (A)
Margeriten:	Weiß (A) mit Ocker/Rot (C + H) für die Staubgefäße
Rosetten:	Ocker (C), Rot (H), Weiß (A)
Vergißmeinnicht:	Blau (AT), Weiß (A), Staubgefäße Rot (H)
Nelken:	Rot (H), Weiß (A)

Für die Blätter wurde die Grundfarbe Moosgrün (V) mit viel Schwarz (B) zum dunklen Grün gemischt und die Schattierung in Ocker (C) gemacht. Die Truhe wurde in Umbra bräunlich patiniert.

Abb. 40. Koffertruhe ▷
Abb. 41. Vorderansicht der Koffertruhe ▷
Abb. 42. Seitenansicht der Koffertruhe ▷ ▷
Abb. 43. Koffertruhe, von oben gesehen ▷ ▷

Abb. 44. Koffertruhe, Vorderansicht; Länge 90 cm, Breite 45 cm, Höhe 47 cm

Abb. 45. Koffertruhe, Seitenansicht; 45 cm × 47 cm

Abb. 46. Koffertruhe, von oben gesehen; 45 cm × 90 cm

Braun gebeizter Bauernschrank

Es ist eine irrige Auffassung, daß ein rustikal bemalter Schrank immer mit Farbe bearbeitet sein muß. Man erlebt unter Umständen eine Überraschung, wenn zum Beispiel beim Ablaugen eines alten Schrankes schön gemasertes Holz zum Vorschein kommt. Auch wenn ein Schrank neu gekauft wird, kann man auf eine hübsche Maserung achten, so daß in beiden Fällen statt eines Farbanstriches eine passende Holzbeiz-Lasur die Maserung hervorheben und mit geschickter Bemalung beides zur Geltung kommen kann. Sehr hübsch und gediegen wirkt eine Bemalung Ton-in-Ton mit nur wenigen, abgestimmten Farben.

Eine Anregung dazu bietet der abgebildete Schrank. Dieser Schrank wurde mit feinem Schleifpapier gut geschliffen. Das Auftragen der Holzbeiz-Lasur im Farbton „Kastanie“ erfolgte mit einem weichen Beizpinsel und mit einem weichen Baumwolltuch in Längsrichtung verrieben. Dabei wurden immer nur abgeschlossene Felder gebeizt, sonst wären Flecken entstanden. Die Zierleisten wurden in Rot (H) und Braun (E) abgesetzt.

Für die Gestaltung der Motive wurden nur vier Farbtöne verwendet, nämlich Rot (H), Braun (E), Ocker (C) und Weiß (A) als belebende Lichter.

Rosen:	Braun (E), Rot (H), Weiß (A)
Tulpen:	Ocker (C), Rot (H), Braun (E), Weiß (A)
Nelken:	Rot (H), Weiß (A)
Rosetten:	Ocker (C), Rot (H), Braun (E), Weiß (A)
Rosenknospen:	Rot (H), Weiß (A)

Die Blätter wurden in Braun (E) mit Ocker (C) schattiert ausgeführt.

Die Patinierung mit Umbra bräunlich bewirkt die warme, weiche Ausstrahlung dieses Bauernschrankes.

Abb. 47. Braun gebeizter Bauernschrank; Breite 85 cm, Höhe 170 cm, Tiefe 48 cm ▷

Abb. 48. Braun gebeizter Bauernschrank; Türfüllung oben

Abb. 49. Braun gebeizter Bauernschrank; Türfüllung oben; 58 × 24 cm

Abb. 50. Braun gebeizter Bauernschrank: Türfüllung unten

Abb. 51. Braun gebeizter Bauernschrank; Türfüllung unten; 58 × 24 cm

Abb. 52. Braun gebeizter Bauernschrank; Seitenfüllung

Abb. 53. Braun gebeizter Bauernschrank; Seitenfüllung; 58 × 30 cm

Grüner Bauernschrank

Der Höhepunkt eines jeden volkstümlichen Hobbymalers muß es sein, einen selbst bemalten Bauernschrank sein Eigen nennen zu können. Es gibt Firmen, die in guter Qualität Schränke nach alten Mustern anfertigen, die sich vorzüglich zum Bemalen eignen. Wichtig ist dabei, daß Ihr Kunstwerk einen angemessenen Rahmen bekommt.
Der abgebildete Schrank ist als Garderobenschrank gedacht. Er wurde neu gekauft und mußte deshalb vor dem ersten Farbanstrich mit Nitro-Holzgrund eingelassen und anschließend mit feinem Schleifpapier leicht übergeschliffen werden.
Die Türfüllungen wurden als erstes in Spachteltechnik ausgeführt und geben dem Schrank eine lebendige, heitere Note. WACOFIN-Spachtelfarbe wurde dick aufgetragen und mit Struktur versehen. Danach wurden die übrigen Schrankteile in Moosgrün (V) gearbeitet. Die Zierprofile, auch an Gesims und Sockel wurden zum Teil in Rot (H) und in Ocker (C) ausgeführt. Die Motive wurden passend aufgebracht und in folgenden Farben gestaltet:

Schnörkel:	Ocker (C), Weiß (A), Braun (E)
Rosen:	Braun (E), Rot (H), Weiß (A)
Tulpen:	Ocker (C), Rot (H), Weiß (A), Braun (E)
Nelken:	Rot (H), Weiß (A)
Margeriten in Füllungen:	Blau (AT), Weiß (A), Staubgefäße Ocker/Rot (C + H)
Margeriten auf grünem Grund:	Weiß (A), Staubgefäße Ocker/Rot (C + H)

Für die Blätter wurde die Grundfarbe Moosgrün (V) mit Schwarz (B) zu einem Dunkelgrün gemischt und mit Ocker (C) abschattiert.
Die zunächst weißgrundigen Füllungen werden durch die Patinierung mit Umbra bräunlich zu einem warmen Beige. Auch die übrigen Schrankteile werden in Umbra bräunlich patiniert.

Abb. 54. Grüner Bauernschrank, Gesamtansicht;
Breite 117 cm, Höhe 175 cm, Tiefe 45 cm ▷

Abb. 55. Grüner Bauernschrank; Türfüllung oben

Abb. 56. Grüner Bauernschrank; Türfüllung oben, 56/50 × 26 cm

Abb. 57. Grüner Bauernschrank; Mittelleiste und Rand

Abb. 58. Grüner Bauernschrank; Türfüllung unten

◁ *Abb. 59. Grüner Bauernschrank; Türfüllung unten; 49 × 26 cm*

Abb. 60. Grüner Bauernschrank; Blumenranke seitlich und auf der Mittelleiste; Schublade unten

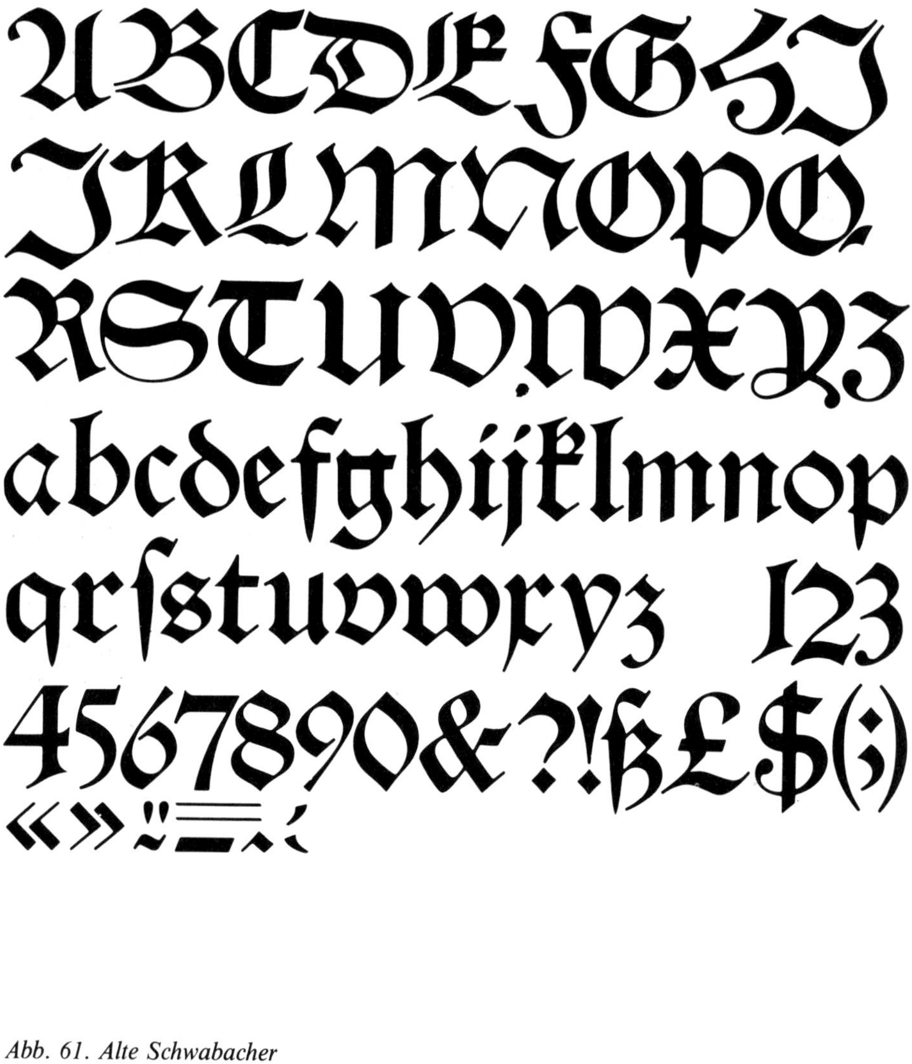

Abb. 61. Alte Schwabacher

Abb. 62. Old English

Aus der Bauernstube

Auf den nachfolgenden Fotos sehen Sie noch einmal eine Auswahl anderer Gegenstände, die ebenfalls im Stil der Bauernmalerei geschmückt worden sind. Die Beispiele mögen Ihnen noch als weitere Anregungen für Ihr schönes Hobby dienen.

Weiterführende Literatur

Baur-Heinold, Margarete: Deutsche Bauernstuben. Königstein/Ts., 1975

Colleselli, Franz: Tiroler Bauernmöbel. Innsbruck (Österr.), 1974

Deneke, Bernward: Bauernmöbel. München, o. J.

Döllgast, Johannes: Alte und neue Bauernstuben. München, 1962

Güthlein, Hans, und Ritz, Josef Maria: Das Feuchtwanger Heimatmuseum (Die bayerischen Heimatmuseen I). O.O., o. J.

Hanhart, Rudolf: Appenzeller Bauernmalerei. Niederteufen (Schweiz), 1970

Hillenbrand, Karl: Bemalte Bauernmöbel aus württembergisch-Franken. Stuttgart, 1956

Kislinger, Max: Alte Bauernherrlichkeit. Alte bäuerliche Kunst, Band I und II. Linz (Österr.), 1957 und 1963

Kugler, Anton: Bauernmöbel. München, 1977

Ott, Margrith: Das Ornament im bäuerlichen Kunsthandwerk des Kantons Appenzell. Zürich (Schweiz), 1945

Ritz, Josef Maria/Ritz, Gislind M.: Alte bemalte Bauernmöbel. München, 1975

Ritz, Gislind M.: Alte bemalte Bauernmöbel in Europa. München, 1970

Walter, Max: Bemalte Bauernmöbel im hinteren Odenwald. (Bayerisches Jahrbuch für Volkskunde). O.O., 1954

Sachregister